a pup

a cup on a pup

a cub in a tub

a fan in a pan

a fan on a pan

a pin on a fin

a pan on a fan

a cup on a cap

a cap on a cab

a cat on a cab

a cap on a cat

a cat in a cap

a cat on a bat

13

a bat on a hat

a bat in a bag

a bug on a bun

a bug in a bun

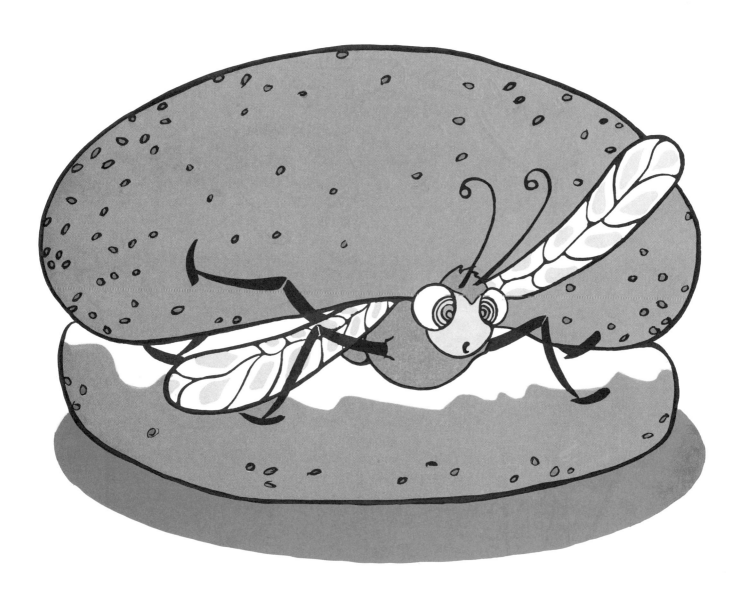

a bug on a bag

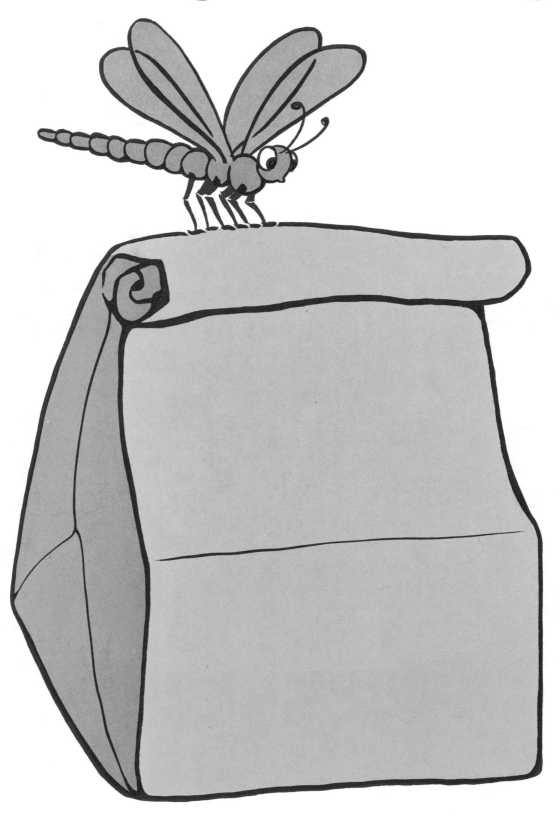

a bug in a bag

a bug on a bat

a bug on a hat

a big pig

a big fat pig

a fig

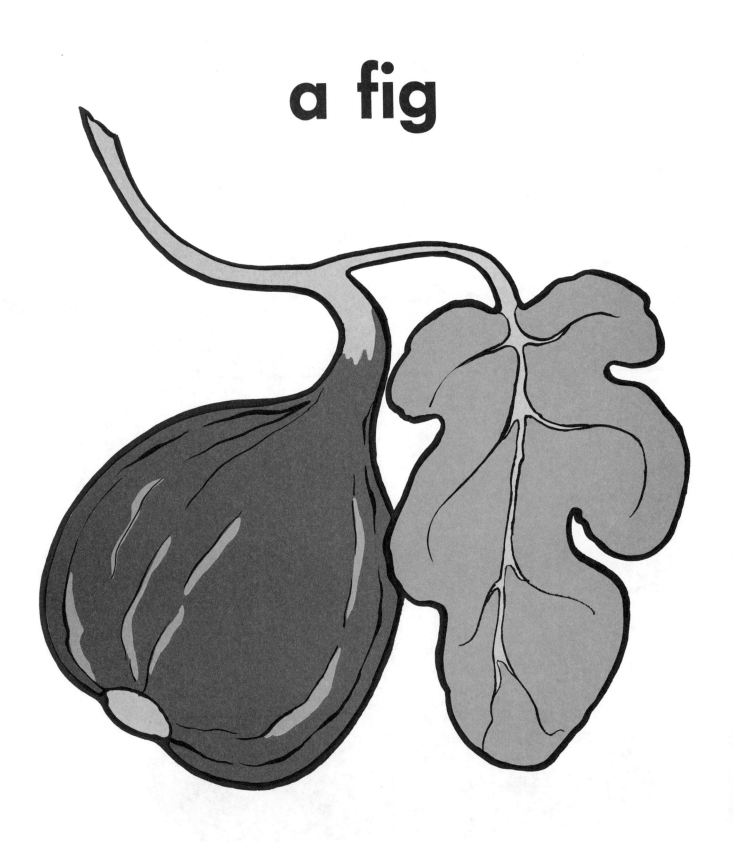

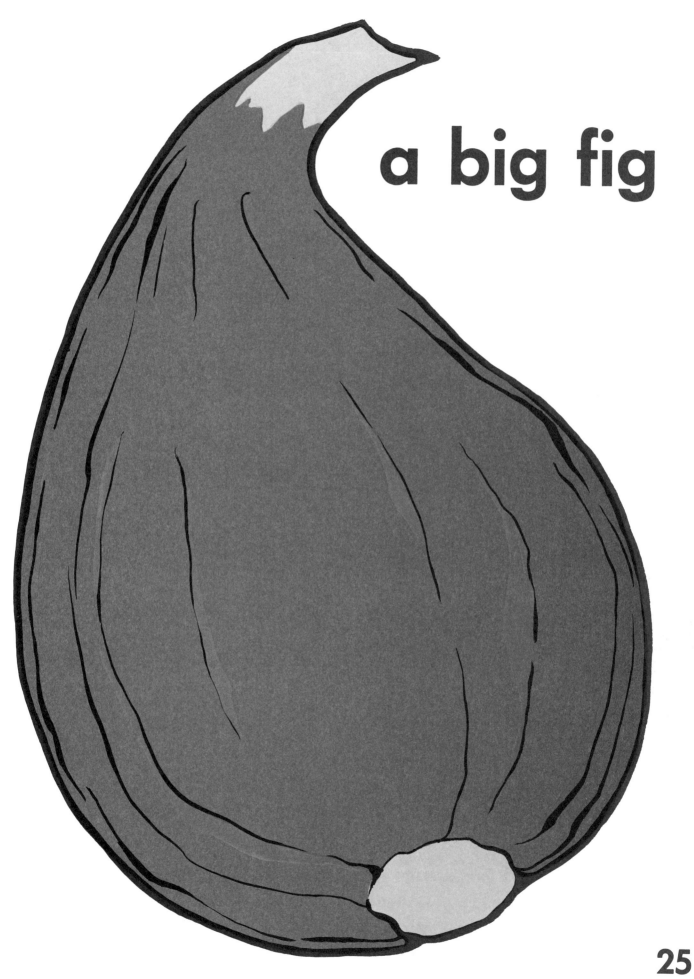

a big fig

a tag on a tug

a bug on a tag

a bug on a mug

a tug in a tub

a tag on a pup

a bug on a tug

a pup on a tug